GW01164100

HORIZON VERTICAL VERTICALE HORIZONTEN VERTICAL HORIZON

PRISME
EDITIONS

MARIE-FRANÇOISE PLISSART
photographies foto's photographs

BENOÎT PEETERS
textes teksten texts

1

"Dans le Japon ancien, existait une cérémonie appelée *kunimi* (mot à mot: "regarder le pays") dans laquelle l'Empereur faisait l'ascension d'une montagne et de là portait son regard vers les lointains. Il signifiait ainsi sa souveraineté sur le territoire. Au début itinérant — l'Empereur faisant la tournée des provinces de l'Empire —, ce rite fut par la suite cantonné dans la capitale, et l'ascension d'une montagne symboliquement remplacée par celle d'une tour."

Augustin Berque,
Les raisons du paysage, Hazan

"In het oude Japan bestond er een ceremonie die *kunimi* heette (letterlijk: "het land bekijken"), waarbij de keizer op een berg klom en van daaruit zijn blik naar de verten keerde. Zo toonde hij zich de soevereine heerser over het land. In het begin kon de ritus overal plaatsvinden, aangezien de keizer van de ene provincie naar de andere reisde. Later vond hij nog enkel in de hoofdstad plaats en werd de beklimming van een berg symbolisch vervangen door die van een toren."

Augustin Berque,
De redenen van het landschap, Hazan

"In ancient Japan there was a ceremony called *kunimi* (literally: "watching the country") in which the Emperor ascended a mountain and from there looked out across the horizon. He thus demonstrated his sovereignty over the territory. This rite was initially celebrated by the Emperor throughout the provinces of the Empire but was later confined to the capital, and the ascension of the mountain was symbolically replaced by the ascension of a tower."

Augustin Berque,
Les raisons du paysage, Hazan

2

3

4

5

6

7

| Lire la ville | De stad lezen | Learning to Understand the City |

Je croyais connaître Bruxelles. Mais en prenant de la hauteur, la photographie en fait un espace neuf, intrigant. Dans le chaos, elle trace des lignes, dessine des figures, révèle des structures inattendues.
Au premier coup d'oeil, souvent, je ne m'y retrouve pas. Les lieux les plus familiers me déconcertent. Où sommes-nous? D'où cette vue a-t-elle été prise? Quelle est donc cette avenue, ce parc immense? La ville, d'abord, redevient étrangère.

Ik dacht dat ik Brussel kende, maar vanuit de hoogte bekeken, krijg je een totaal nieuw, intrigerend beeld. In de chaos zijn lijnen getrokken, figuren geteken en worden onverwachte structuren onthuld.
Op het eerste gezicht raak ik er dikwijls niet uit wijs. De meest vertrouwde plaatsen brengen mij in de war. Waar zijn we? Van waaruit werd die opname gemaakt? Welke laan is dat, welk immens park? De stad die ik zo goed kende, is mij weer vreemd.

I thought I knew Brussels. But when you take a look from a higher perspective, the photograph reveals a new, intriguing space. In all the chaos, it draws lines, highlights shapes and unveils unexpected structures.
At first sight, I am often disoriented. The most familiar places disconcert me. Where are we? Where was this view taken from? What is this avenue, this huge park? The city I knew so well becomes foreign to me.

Distances

Qu'écrirais-je de Bruxelles si je n'en connaissais que ces images? Si je n'avais rien lu, rien entendu, ni jamais parcouru ses rues?

A coup sûr, la ville me paraîtrait moins ravagée que celle que j'habite et arpente jour après jour. Non que l'objectif de la photographe cherche à la travestir, ni même à sciemment l'esthétiser. Certes, elle compose, cadre, élimine; elle rend urbain. Mais surtout, le point de vue choisi — ces perspectives altières, presque aériennes — restaure une forme d'harmonie. Depuis ces sommets, inaccessibles au commun des mortels, la ville retrouve par éclairs cette cohérence qui lui fait défaut. Sitôt qu'on prend de la hauteur, les détails commencent à s'estomper.

Pour celui qui l'habite, en revanche, ce sont les détails qui font la ville: ce mur lépreux, ce chancre au coin de la rue, ce trottoir défoncé; ce sgraffite sur une façade, cette terrasse de café, ou ce parc aux arbres si divers. On ne vit sa ville que de près.

Afstanden

Wat zou ik over Brussel schrijven, indien ik enkel deze beelden zou kennen? Indien ik niets had gelezen, niets gehoord en nooit door haar straten had gelopen?

De stad zou mij zeker minder verwoest lijken dan degene waar ik woon en die ik alle dagen doorkruis. Niet dat de lens van de fotografe er een verkeerde voorstelling wil van geven of ze bewust mooier wil maken. Natuurlijk laat ze dingen weg, maakt ze composities en afstellingen, maakt ze haar stedelijk. Maar het gekozen standpunt — die uit de hoogte, haast uit de lucht gemaakte opnamen — herstellen een soort harmonie. Vanop deze voor gewone stervelingen ontoegankelijke hoogten, krijgt de stad, als in een flits, de samenhang die zij zozeer mist. Voor wie vanuit de hoogte kijkt, vervagen de details.

Voor wie er woont, zijn het daarentegen de details die de stad maken. Die melaatse muur, die sjanker op die straathoek, die ingezakte stoep, die graffiti op een gevel, dat caféterras of dat park met al die verschillende bomen. Je beleeft je stad slechts van dichtbij.

Distances

What would I write about Brussels if I knew only these pictures, if I hadn't read anything, seen anything or ever walked its streets?

Certainly, this city would appear to me less ravaged than the one I live in and walk through day after day. It's not that the camera lens is in anyway betraying the reality or even seeking to touch up the picture. Nevertheless, it does set the stage, place things in perspective and eliminate certain details; it urbanises. More specially, the camera angle — these so daunting, almost ethereal, perspectives — restore a sort of harmony. From these lofty summits, which are inaccessible to mere mortals, the city finds in flashes the coherence it had lost. As one gets higher, the details start to fade.

For anyone who lives there, however, it's the details that make the city what it is: this flaking wall, this canker on the corner of the street or this collapsed pavement, this graffiti on the wall, the cafe terrace, a park with its wide variety of trees. A city is best lived close-up.

| Bruxelles | Brussel | Brussels |

Toute ville est plurielle, mais Bruxelles l'est plus que d'autres. Le "s" par lequel son nom s'achève, en français, est particulièrement bienvenu.

Il y a le Bruxelles des francophones et celui des flamands, le Bruxelles des fonctionnaires, les Bruxelles turc, marocain, congolais. La capitale de la Belgique ou de ce qui en reste, la capitale de la Flandre, celle de l'Union Européenne. Il y a surtout ces dix-neuf communes qui n'ont pas peu contribué à l'éclatement de la ville et à l'émiettement du pouvoir.

Il y a le Bruxelles Renaissance et le Bruxelles néo-classique, le Bruxelles Art déco et celui des années cinquante. Le Bruxelles des bureaux et des parkings. Tous ces pans de ville s'entrelacent de manière presque inextricable, sans vraiment cohabiter. Le plus souvent, ils se contentent de se heurter. Parfois, ils se superposent étrangement, quand une façade d'hier, soutenue à grands frais, vient se caser vaille que vaille dans un immeuble aux lourds vitrages réfléchissants.

Elke stad vormt een veelvoud, maar Brussel meer dan andere steden. Haar naam zelf heeft iets bruisends.

Er is het Brussel van de Franstaligen en dat van de Vlamingen. Het Brussel van de ambtenaren en dat van de Turken, de Marokkanen en de Congolezen. De hoofdstad van België, of van wat ervan overblijft, de hoofdstad van Vlaanderen en die van de Europese Unie. Er zijn vooral die negentien gemeenten die niet weinig hebben bijgedragen tot het uiteenspatten van de stad en de versnippering van de macht.

Er is het Brussel van de Renaissance en het Brussel van het neoclassicisme, het Brussel van de art déco en dat van de jaren vijftig. Het Brussel van de kantoren en de parkings. Al die stukken stad lopen haast onontwarbaar door elkaar, en toch vormen ze niet echt een geheel. Meestal botsen ze gewoon tegen elkaar op. Soms overlappen ze elkaar heel eigenaardig, wanneer een met veel moeite in stand gehouden antieke gevel zo goed en zo kwaad als het kan wordt opgenomen in een gebouw met zware spiegelruiten.

Every city has a sense of plurality, but this is true about Brussels more than any other city. Indeed, the "s" at the end of its name (in English and in French at any rate) is particularly fitting.

There are in fact many Brussels: one for the French-speaking people, one for the Flemish, one for the civil servants, one for the Turks, one for the Maroccans, one for the Congolese. It is the capital of Belgium (or what is left of it), the capital of Flanders and the capital of the European Union. There are especially these 19 municipalities of Brussels that have contributed in no small way towards the breakup of the city and the dispersion of power.

In terms of art, Brussels has many faces: the Renaissance, the Neoclassical, the Art Déco and the 1950s have all left their mark. Then there is the Brussels of offices and parking lots. All these aspects of the city are almost inextricably interconnected without really cohabitating. Most of the time, they simply rub shoulders. Sometimes, they strangely overlap when a traditional facade, maintained at great cost, is stuck willy-nilly inside a building with vast reflective windows.

| L'ordre des tuiles | De volgorde van de dakpannen | A Symphony of Roof Tiles |

Quand Bruxelles a gardé ses allures d'hier, dans de petites rues sans horreurs ni merveilles, c'est une vague unité qui l'organise, une sorte de logique floue. Des rues parallèles ou de guingois, étroites ou un peu plus larges. Des jardinets et des courettes. Trois pièces en enfilade au rez-de-chaussée. Deux étages, quelquefois trois.

De ces maisons, certaines s'affichent bourgeoises, et se parent du titre un peu ronflant d'hôtels de maître; d'autres sont petites-bourgeoises ou ouvrières. Plutôt larges ou plutôt étroites, plus ou moins hautes de plafond, elles semblent d'accord sur l'essentiel. C'est une affaire de briques et d'enduits. Une affaire de tuiles, rouges et noires.

Il faut comprendre comment ce qui fut une richesse, une source de diversité, a pu se défaire aussi vite. Le Bruxelles de la fin du siècle dernier, celui qui vit la naissance de l'Art Nouveau, était un univers de la "petite différence". Pour la bourgeoisie bruxelloise, il s'agissait de se démarquer du voisin sans se faire trop remarquer. Promenez-vous près du square Ambiorix, ou dans les plus belles avenues de Saint-Gilles ou de Schaerbeek, et observez ces maisons: l'une se signale par l'ampleur de ses fenêtres, l'autre par son pignon ou sa loggia; celle-ci est un peu plus haute, celle-là nettement plus large. Mais elles cohabitent sans peine. Pas de monotonie, pas non plus d'écarts choquants. C'est une architecture ostentatoire, un jeu d'apparences, un concours de façades rivalisant comme les toilettes dans un bal ou un grand dîner.

Le changement d'échelle a tout fait basculer. Certaines maisons avaient un étage de plus que leurs voisines, quelquefois deux. Soudain voici qu'un immeuble écrase les constructions qui l'entourent de ses vingt ou trente étages. Le système subtil de petits décalages, qui faisait une des forces de la ville, s'est brusquement trouvé rompu. L'écart est devenu chaos. Le hors-jeu a pris force de loi.

Waar Brussel zijn allure van gisteren bewaarde, in kleine straatjes die niet lelijk en niet mooi zijn, kent het een vage eenheid, een soort wazige logica. Parallelle of schuine straten, nu eens smal, dan wat breder. Tuintjes en koertjes. Beneden drie kamers achter elkaar. Twee verdiepingen, soms drie.

Sommige van die huizen zijn duidelijk burgerwoningen en dragen de ietwat ronkende titel van herenhuis. Andere zijn van middenstanders of arbeiders. Het ene wat breder, het andere wat smaller, met een hoger of lager plafond, maar over de grond van de zaak schijnen ze het eens te zijn. Het is een kwestie van baksteen en pleisterwerk. Een kwestie van rode en zwarte pannen.

Je moet begrijpen hoe het komt dat, wat eens rijkdom en bron van diversiteit was, zo vlug in verval is geraakt. Het Brussel van het einde van de vorige eeuw, dat de Jugendstil zag opkomen, was een wereld van het "kleine verschil". De Brusselse burgerij wou zich van haar buren onderscheiden zonder al te veel op te vallen. Loop maar eens langs de Ambiorixsquare of langs de mooiste lanen van Sint-Gillis of Schaarbeek en kijk naar die huizen: het ene valt op door zijn grote vensters, het andere door zijn puntgevel of zijn loggia; dit huis is wat hoger, het andere duidelijk breder. Maar ze staan zonder problemen naast elkaar. Het is een ostentatieve architectuur, een spel van schijn, een wedstrijd van rivaliserende gevels zoals de toiletten op een bal of een groot diner.

De schaalverandering heeft dat allemaal doen omslaan. Sommige huizen hadden één verdieping meer dan hun buren, af en toe twee. En plots komt daar een building van twintig of dertig verdiepingen alle omliggende gebouwen verpletteren. Het subtiele systeem van kleine verschillen, dat een van de sterke kanten van de stad was, werd brutaal verstoord. Het verschil is chaos geworden. Het overtreden van de regels kreeg kracht van wet.

In those rare places where Brussels has retained its former glory, in narrow city streets without any notable horrors or marvels, a vague sense of unity organises it, a sort of off-beat logic. Parallel or staggered streets, narrow alleyways that sometimes widen out. Gardens and courtyards. Three interconnected rooms on the groundfloor, two floors, sometimes three.

Some are clearly bourgeois and bear the rather highfa- lutin' title of hotels de maître, while others are petit-bourgeois or even working-class. Whether they be wide or narrow, with high or low ceilings, they seem to agree on basics: we see bricks and plaster, tiles, red and black ones...

How could what was once a source of rich diversity be lost so quickly? Brussels at the turn of the century, where Art Nouveau was born, was a universe characterised by "something different". The bourgeoisie of Brussels wanted to be different from their neighbours, but without making too much of it. When you take a walk around the Square Ambiorix or along the most splendid avenues of Saint-Gilles or Schaerbeek and observe these houses, you can see traces of this: one has wide windows, the other a remarkable gable wall or loggia, one is a little higher, the other much wider. But all this is a sort of harmony. There is no monotony or any clash of styles. What you find is ostentatious architecture, an interplay of styles and forms, a city full of facades that are in competition like ladies at a high-class society ball.

The change of scale transformed everything. Some houses had one floor more than the house next door, sometimes two. Suddenly one sees a building that seems to crush the surrounding constructions with its towering twenty or thirty floors. The subtle symphony of the city, made up of its interplay of different notes and harmonies, has become a cacophony. Playing off-tune has become the norm.

Régulations / Regelingen / Regulations

Urbaniser, ce devrait d'abord être cela : fabriquer des régularités. Vers le milieu du 19e siècle, "l'art de bâtir les villes" célébré par Camillo Sitte ne suffit plus à gérer les bouleversements nés de la révolution industrielle. Pour la première fois, il faut se mettre à planifier. Longtemps spontané, l'urbanisme naît comme une véritable discipline.

Si les grandes cités européennes de cette époque ont toutes à affronter les mêmes questions, elles le font de manière très différente. Bruxelles, semble-t-il, eut les yeux fixés sur ses majestueuses voisines, et surtout sur Londres et Paris.

Londres, alors la plus grande ville du monde, avait depuis au moins un siècle le goût des structures urbaines répétitives, et donc plus urbanistiques qu'architecturales. Les édifices londoniens reposaient déjà sur la reprise ou la déclinaison méthodique de quelques figures, à l'échelle d'une avenue ou d'un square, et parfois d'un ensemble plus vaste. La même maison, la même rue, existent à des dizaines d'exemplaires, et à plusieurs niveaux de qualité. Ce systématisme n'exclut pas la variété: aucune ville ne dispose d'autant de noms pour désigner des formes de rues ou de places ; aucune peut-être n'accorde un tel rôle à la courbe et au croissant.

Quant à Paris, même si ses transformations n'ont pas attendu Haussmann et Napoléon III, c'est durant les dix-sept années où le préfet de la Seine fut chargé par l'Empereur de réaménager la capitale française que la ville prit son nouveau visage. Bénéficiant de pouvoirs extrêmement étendus, Haussmann réinventa Paris, remodelant toute sa structure. Cette action se fit avec une brutalité qui, pendant les premières années, souleva la colère des Parisiens. Surnommé "l'éventreur", le préfet se définissait lui-même comme "artiste-démolisseur". Les qualités de ce modèle urbanistique ont été découvertes peu à peu et fortement revalorisées au cours des vingt dernières années. En privilégiant l'espace public, Haussmann a pensé Paris comme un vaste organisme où l'architecture individuelle des immeubles compte moins que les rythmes et les alignements. Le nombre d'étages, l'inclinaison des toits, la position des balcons, tout est déterminé avec précision, en fonction de règlements qui privilégient les effets d'ensemble. La ville entière devient une scène de

Urbaniseren zou op de eerste plaats moeten betekenen: regelmaat scheppen. Omstreeks het midden van de 19e eeuw volstond de door Camillo Sitte zo geroemde "kunst van steden te bouwen" niet meer om de ingrijpende veranderingen te beheren, die het gevolg waren van de industriële revolutie. Voor de eerste keer moest men plannen gaan maken. De stedenbouw, die lange tijd spontaan verliep, werd een echt vak.

Hoewel de grote Europese steden toen allemaal aan dezelfde problemen het hoofd moesten bieden, deden ze het toch op erg uiteenlopende wijzen. Brussel leek haar statige buren in het oog te houden, en vooral Londen en Parijs.

Londen, dat toen de grootste stad ter wereld was, had sedert minstens een eeuw de smaak te pakken van repetitieve stadsstructuren, die dus meer urbanistisch dan architecturaal waren. De Londense bouwwerken steunden toen reeds op methodische varianten van enkele figuren op maat van een laan of een square en soms van een groter geheel. Van hetzelfde huis en dezelfde straat bestaan tientallen exemplaren en in verschillende kwaliteitsklassen. Die systematiek sluit geen afwisseling uit: geen enkele stad heeft zoveel namen om vormen van straten en pleinen aan te duiden. En in geen enkele andere stad spelen bogen en halve manen zo'n grote rol.

Ook al hebben de veranderingen in Parijs niet gewacht op Haussmann en Napoleon III, toch kreeg de stad een nieuw aanschijn tijdens de zeventien jaar waarin de prefect van het Seine-departement door de keizer werd belast met de heraanleg van de Franse hoofdstad. Haussmann kreeg uiterst ruime volmachten en vond Parijs opnieuw uit, waarbij hij heel de structuur ervan hertekende. Dat alles gebeurde met een brutaliteit die de Parijzenaars de eerste jaren tot razernij bracht. De prefect, die al vlug de bijnaam van "buiksnijder" kreeg, beschouwde zichzelf als een "kunstenaar-sloper". Beetje bij beetje begon men de kwaliteiten van dit stedenbouwkundig model te ontdekken en de jongste twintig jaar werden zij zeer hoog geschat. Door voorrang te geven aan de openbare ruimte, heeft Haussmann van Parijs een uitgestrekt organisme gemaakt, waarin de individuele architectuur van de huizen minder belang heeft dan het ritme

Urbanisation should be just that: creating a sense of regularity. Towards the middle of the 19th-century, the "art of building cities" celebrated by Camillo Sitte reached a point where it could no longer manage the upheaval that came with the industrial revolution. For the first time, there had to be some kind of planning. What had previously been spontaneous became the rigorous discipline of city planning.

Although all the major cities of Europe at that time were faced with the same problems, they handled them quite differently. Brussels, it would appear, kept an eye on its majestic neighbours, and especially on London and Paris.

London, which was then the largest city in the world, was used to repetitive structures as it had acquired a taste for them for at least a century, and was therefore more "urbanistic" than architectural. The buildings of London were already constructed along methodical lines with a few repetitive designs that formed an avenue or a square, or sometimes something larger in scope. The same house, the same street would be copied, albeit with different levels of quality. This systematic approach did not exclude variety: no other city has as many names to describe the different types of streets and squares, and perhaps no other city gives so much importance to corners or crescents.

As for Paris, even though Haussmann and Napoleon III were not the first to change the appearance of the city, it was during the 17 years when the Préfet of the Seine was commissioned by the Emperor to redevelop the

théâtre. Comme le nota Walter Benjamin dès son premier voyage à Paris, tout se passe "comme si les rues se prolongeaient à travers la ville entière où les maisons ne semblent pas là pour qu'on les habite, mais comme des coulisses entre lesquelles on passe." Il faut dire aussi que derrière la pompe des façades, on trouve souvent des cours peu reluisantes, et des appartements minuscules.

Bien qu'obsédées par ces deux capitales illustres et puissantes, ou peut-être justement parce qu'elles l'étaient, les autorités bruxelloises passèrent à côté des grandes occasions d'accompagner activement les métamorphoses de leur ville. Les édiles se méfiaient des règles; ils ne firent que des exceptions. Anspach perça les boulevards du centre sur un modèle presque haussmannien. Amoureux du vieux Bruxelles, Charles Buls restaura la Grand Place et tenta de préserver les abords de la Cathédrale. Et Léopold II bâtit de son côté, presque contre les autorités de la ville, le Cinquantenaire et l'Avenue de Tervuren. C'est comme si chacun avait eu sa vision de Bruxelles. Et que personne n'était parvenu à la conduire à son terme.

en de uitlijning. Het aantal verdiepingen, de helling van de daken, de plaats van de balkons – alles werd nauwkeurig vastgelegd volgens reglementen die vooral gericht waren op het effect van het geheel. Heel de stad werd een toneeldecor. Zoals Walter Benjamin noteerde bij zijn eerste bezoek aan Parijs, gebeurt alles er "alsof de straten heel de stad doorliepen en de huizen niet dienden om erin te wonen maar om erlangs te wandelen". Ook dient gezegd dat er achter de weelderige gevels dikwijls onbeduidende koertjes en minuscule appartementjes schuilgaan.

Hoewel de Brusselse overheid geobsedeerd was door die twee beroemde en machtige hoofdsteden, of misschien juist omdat ze erdoor geobsedeerd was, heeft ze grote kansen laten voorbijgaan om de gedaanteverandering van haar eigen stad actief te begeleiden. De vroede vaderen hadden geen vertrouwen in regels: zij maakten alleen maar uitzonderingen. Anspach trok de grote lanen van het centrum op een manier die aan Haussmann deed denken. Charles Buls, die een boontje had voor oud-Brussel, restaureerde de Grote Markt en trachtte de omgeving van de Kathedraal veilig te stellen. En Leopold II, van zijn kant, bouwde het Jubelpark en de Tervurenlaan haast tegen de wil van de stedelijke overheid in. Het was alsof iedereen zijn eigen Brussel droomde. En alsof niemand erin slaagde zijn droom te verwezenlijken.

French capital that the city had a real facelift. With sweeping powers, Haussmann reinvented Paris with a totally new structure. The change was so radical and indeed brutal that the Parisians were up in arms for several years. Haussmann, who was nicknamed "the Ripper", describe himself as an "artist-demolisher". Over the last twenty years, the inherent qualities of this city planning model have gradually been discovered and have gained great respect. By giving priority to public spaces, Haussmann redesigned Paris as a vast organism in which the individual architecture of buildings has less importance than the sense of rhythm and alignment. The regulations emphasised the importance of overall effects, and as a result everything was orchestrated with precision: the number of floors, the slope of the roofs, the position of balconies, the entire city becomes a stage. As Walter Benjamin mentioned when writing of his first trip to Paris, "it's as if the streets ran right through the city and the houses are not there to be lived in, but rather to provide a passageway." One must also mention that the splendid facades often conceal rather less respectable courtyards and tiny apartments.

Although the powers that be in Brussels were obsessed by these two powerful and illustrious capitals, or perhaps because they were obsessed by them, they often missed opportunities to really transform their city. The municipal council had a mistrust of rules and only made exceptions. Anspach set about making boulevards in the centre of the city rather à la Haussmann. Charles Buls, a lover of old Brussels, restored the Grand'Place and tried to preserve the surrounds of the Cathedral. Léopold II, for his part, practically in the face of opposition from the city authorities, built the Cinquantenaire and the avenue de Tervuren. Everyone, it seems, had their own vision of Brussels, but no one managed to finish the job.

8

9

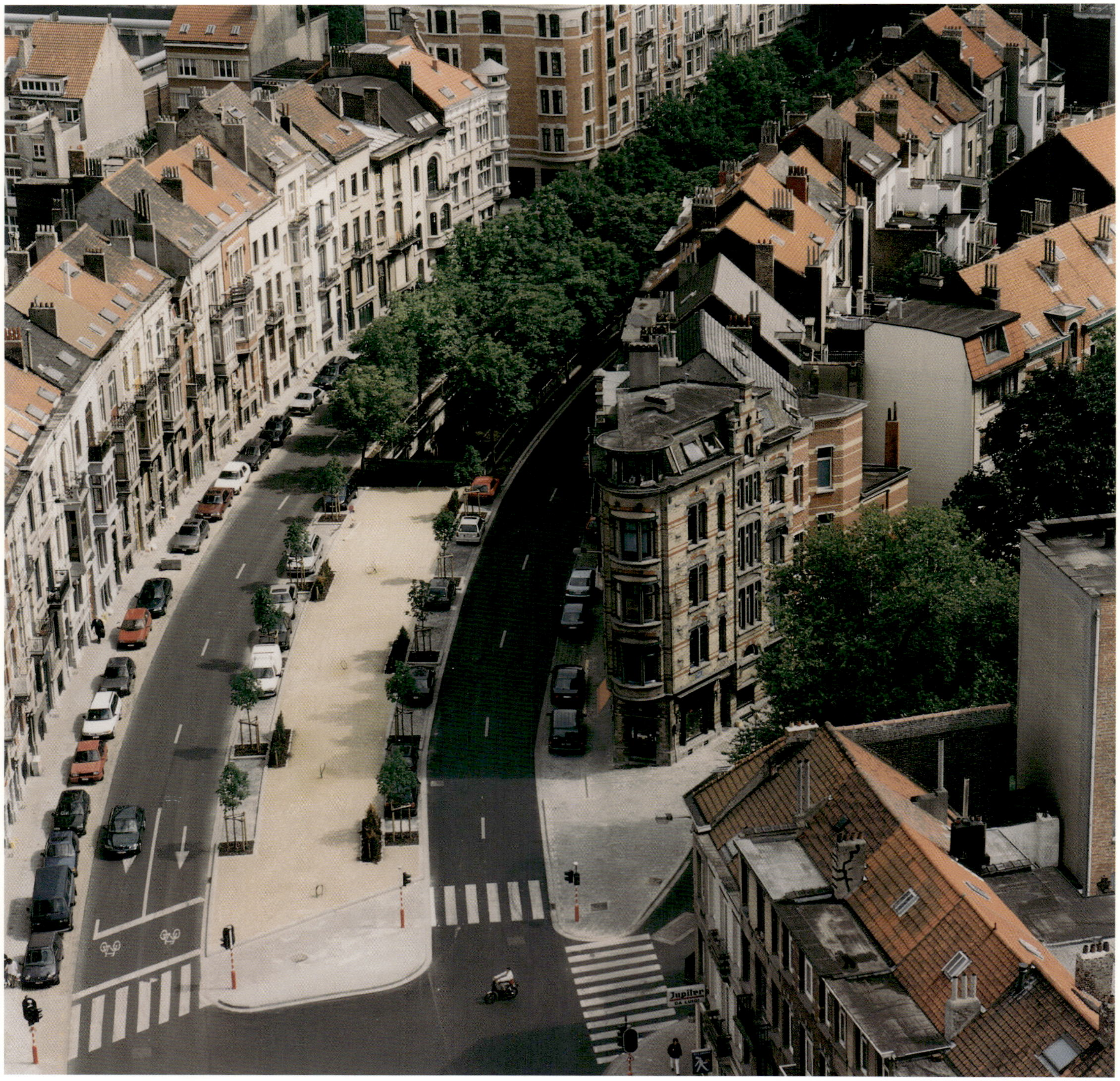
Jupiler

11

12

13

14

15

16

17

18

19

20

21

22

23

L'œil de Poelaert

A défaut de penser la ville, Bruxelles voulut se bâtir un Palais. Ce ne fut pas celui du Roi. Ce fut celui de la Justice, celui de Joseph Poelaert.

La capitale souffrait tant de se sentir provinciale face à ses illustres voisines qu'elle voulut faire les choses en grand. Les autorités hésitèrent longtemps sur l'emplacement le plus opportun avant d'arrêter leur choix sur un endroit qui dominait alors la ville: le Galgenberg, ou Mont des Pendus, tout un programme déjà. Mais ce site hautement symbolique était aussi un terrain particulièrement difficile tant la déclivité y était forte.

De membre du jury qu'il était, Poelaert devient lauréat du concours. Il abandonne tous ses travaux en cours, dont l'église Notre-Dame de Laeken. Désormais, une seule chose lui importe: ce Palais grâce auquel il compte bien laisser une trace indélébile dans l'histoire de l'architecture.

La chance de Poelaert est que sa mégalomanie personnelle ait pu rejoindre celle des dirigeants du pays. Le bourgmestre Anspach n'avait-il pas souhaité "que la dépense soit la plus grande possible pour que le Palais soit digne de sa destination et de la ville où il s'élève". Et le ministre Bara, qui avait la responsabilité directe du chantier, ne craignait pas d'affirmer à la Chambre: "Sans doute, Messieurs, il ne faut pas écraser le peuple pour édifier un monument. Mais je dis que nous sommes assez riches pour consacrer quelques millions en un siècle à laisser des traces de notre architecture… Quant à moi, Messieurs, si petite que soit ma part dans l'érection du Palais de Justice, c'est un des actes dont je m'honore le plus."

De visie van Poelaert

Bij gebrek aan plannen voor de stad zelf, wou Brussel zich wel een Paleis bouwen. Niet voor de koning, maar voor Justitie. Het Paleis van Poelaert.

De hoofdstad ging zozeer gebukt onder haar provinciaal imago dat afstak tegen haar illustere buren, dat zij iets groots wou verwezenlijken. De overheid piekerde lange tijd over de juiste ligging, maar koos uiteindelijk voor een plaats die toen boven de stad uitstak: de Galgenberg of Mont des Pendus, wat op zichzelf al een heel programma inhield. Maar deze zeer symbolisch geladen plaats vormde wegens de steile hellingen ook een zeer moeilijk terrein.

Poelaert, die lid van de jury was, won de wedstrijd. Al zijn aan de gang zijnde werken, waaronder de Onze-Lieve-Vrouwekerk van Laken, liet hij voor wat ze waren en hij dacht nog maar aan één ding: dat paleis waarmee hij hoopte een onuitwisbaar spoor te kunnen nalaten in de geschiedenis van de architectuur.

Poelaert had het geluk dat de bestuurders van het land even megalomaan waren als hijzelf. Had burgemeester Anspach niet gehoopt "dat de kosten zo hoog mogelijk zouden zijn, opdat het Paleis de bestemming zou waardig zijn van de stad waar het werd opgetrokken"? En minister Bara, die rechtstreeks verantwoordelijk was voor de bouwwerf, deinsde er niet voor terug om in de Kamer te verklaren: "Het is waar, mijne Heren, dat men het volk niet moet uitknijpen om een monument te bouwen. Maar ik zeg dat we rijk genoeg zijn om enkele miljoenen in een eeuw uit te geven om sporen van onze architectuur na te laten… Wat mijzelf betreft, mijne Heren: hoe klein mijn aandeel in het bouwen van het Justitiepaleis ook moge zijn, toch is het een van de daden waarop ik het meest trots ben".

In de loop van de eindeloze jaren dat de bouwwerken duurden, verloor Poelaert beetje bij beetje zijn krediet. In plaats van de koepel die nu het bouwwerk bekroont — een vulgaire "kaasstolp", volgens de woorden van Horta — had de architect een piramide gepland. Maar over de kwestie van de bekroning van het Paleis ontstond een polemiek die bijna als een voorloper van die omtrent de piramide van het Louvre kan worden beschouwd. Poelaert was er erg door aangedaan. Hij

The Heritage of Poelaert

Frustrated in its desire to design the city, Brussels decided to build a Palace. But it was not a palace for a King, but the Palace of Justice conceived by Joseph Poelaert.

The capital of Belgium was no doubt feeling rather provincial beside its illustrious neighbours and wanted to create something big. The authorities hesitated for a long time as to the best place to build the Palais de Justice until they decided on a location that dominated the city, the Galgenberg (or the Mont des Pendus), which was ambitious in itself. However, this highly symbolic site already posed some technical problems as the land was on a very steep slope.

Poelaert was a member of the jury, but he ended up winning the competition. He decided to abandon all his work in progress, including the church of Notre-Dame de Laeken. From then on, only one thing counted for him, and that was the building of the Palais de Justice, which would let him make an indelible mark on the history of architecture.

Poelaert was rather fortunate as his personal megalomania was matched by that of the political establishment of the day. In fact, Anspach, the mayor of Brussels, said that "the expenditure should be as great as possible so that the Palais is worthy of its intended purpose and of the city where it is to be built". And Minister Bara, who had direct responsibility for the work, went as far as to announce to the Chamber: "Certainly, Gentlemen, we must not crush the people to build a monument. But I say that we are rich enough to devote a few million in a century

Au fil des interminables années de la construction, Poelaert perdit peu à peu son crédit. En lieu et place de la coupole qui achève aujourd'hui l'édifice, vulgaire "cloche à fromage" selon l'expression de Victor Horta, c'est une pyramide que l'architecte avait prévue. Mais la question du couronnement du Palais fut l'objet d'une polémique qui n'est pas sans annoncer celle de la pyramide du Louvre. Poelaert en fut très affecté. Il s'enfonça peu à peu dans la maladie, certains disent dans la folie, et mourut en 1879, quatre ans avant l'achèvement du chantier.

Le Palais de Justice laissa un goût amer aux habitants des Marolles, principales victimes des expropriations. Mais il impressionna de nombreux voyageurs, à commencer par le jeune Sigmund Freud. "Au sommet d'une colline escarpée, écrit-il à sa fiancée, se trouve un édifice si massif et dont les colonnes sont si magnifiques, que l'ensemble fait immédiatement penser à quelque Palais assyrien, ou aux illustrations de Doré. Je crus que c'était le Palais Royal, d'autant qu'il était surmonté d'une coupole en forme de couronne, mais il n'y avait là ni sentinelle ni animation."

C'est comme si la volonté monumentale de Bruxelles s'était arrêtée avec Poelart. Car cet invraisemblable monument, sur lequel la ville et le pays avaient tellement misé, a depuis longtemps cessé de dominer Bruxelles du haut de ses cent mètres. Plusieurs tours, dont celle, toute voisine, de l'hôtel Hilton, le surplombent désormais, lui ôtant une bonne part de sa superbe.

zonk langzaam in ziekte weg — sommigen noemen het waanzin — en stierf in 1879, vier jaar voor de afwerking van het gebouw.

Het Justitiepaleis liet een wrange smaak achter bij de bewoners van de Marollen, die de voornaamste slachtoffers waren van de onteigeningen. Maar het maakte indruk op heel wat reizigers, om te beginnen op de jonge Sigmund Freud, die aan zijn verloofde schreef: "Op de top van een steile heuvel staat een bouwwerk dat zo massief is en waarvan de zuilen zo prachtig zijn, dat het onmiddellijk doet denken aan een Assyrisch paleis of aan de illustraties van Doré. Ik dacht dat dit het koninklijk paleis was, temeer daar het bekroond was met een koepel in de vorm van een kroon, maar er stonden geen soldaten op wacht en er was geen drukte".

Het was alsof Brussel met Poelaert ook zijn smaak voor het monumentale had verloren. Want dit onwaarschijnlijke monument, waaraan de stad en het land zoveel belang hadden gehecht, heerst met zijn honderd meter hoogte al lang niet meer over Brussel. Verscheidene andere torens, waaronder die van het vlakbij gelegen Hiltonhotel, steken er nu bovenuit en ontnemen het een flink deel van zijn pracht.

to leave the trace of our architecture... As for me, Gentlemen, however small my share in the construction of the Palais de Justice may be, it is one of the acts of which I am most proud."

Over the endless years during which the Palais de Justice was built, Poelaert gradually forfeited any credit he had. Instead of the cupola that now crowns the building, which Victor Horta refers to as a vulgar "cheese bell", the architect had actually intended to build a pyramid. But the question surrounding the structure to be placed on top of the Palais was the subject of a polemic that was in some ways similar to the agonising surrounding the pyramid of the Louvre. Poelaert was very much affected by all this. He gradually slipped into illness, although some would say madness, and he died in 1879, four years before the completion of the work.

The Palais de Justice left the people of the Marolles district rather bitter as they were the ones who suffered most from expropriation. However, the building impressed many travellers, including the young Sigmund Freud, who wrote to his fiancee: "At the top of a steep hill stands an edifice so solid and whose columns are so magnificent that the entire construction instantly makes one think of some Assyrian Palace or the illustrations of Doré. I thought it was the Palais Royal, especially as it was topped by a cupola in the form of a crown, but there were no guards and no manoeuvres."

It would appear that Brussels' desire to create something monumental died with Poelaert as this unlikely monument, on which the city and the country was counting so much, has long since ceased to dominate Brussels with its hundred metres of splendour. Now, it is in turn dominated by several tower blocks built nearby, the Hilton hotel to name but one, which rob it of some of its glory.

24

Voies d'eau

L'eau est le grand refoulé bruxellois. En éliminant la Senne, Bruxelles se coupait de sa naissance; elle se privait d'un repère majeur, et presque de son sens. La ville entrait dans l'amnésie.

Le bourgmestre Anspach avait voulu, plus que toute autre chose, "la disparition de cet égoût à ciel ouvert qui déshonore la partie basse de notre ville". Mais s'il fallait assainir une rivière que tous s'accordaient à déclarer putride, devait-on pour autant l'enfouir et la transformer en égoût? Les photos réalisées par Ghémar à l'époque du voûtement, et l'infime portion de la Senne visible à l'îlot Saint-Géry, font rêver d'un Bruxelles qui tenait un peu de Gand. Nulle autre ville, je crois, ne se débarrassa de sa rivière.

Bien sûr, il reste le canal, mais il paraît un peu loin. Bruxelles est un vrai port. Mais les habitants ne peuvent guère s'approcher de ses quais. Je parierais pourtant qu'un jour les bords du canal renaîtront et que Bruxelles viendra s'y ressourcer. Ce serait pour la ville comme une forme de réparation.

Waterwegen

Water is de grote verdrukte van Brussel. Door de Zenne af te schaffen, heeft Brussel de band met zijn oorsprong verbroken. De stad verloor een belangrijk referentiepunt en bijna haar zin zelf. Zij begon aan geheugenverlies te lijden.

Meer dan wat ook, had burgemeester Anspach de verdwijning gewild "van die open riool, die de benedenstad te schande maakt". De rivier saneren, die door iedereen rottig werd genoemd, was nodig, maar moest men ze daarom in een ondergrondse riool veranderen? De foto's die Ghémar maakte ten tijde van de overwelving, en het minieme stukje Zenne dat je aan het Sint-Gorikseilandje nog kunt zien, doen dromen van een Brussel dat een beetje op Gent leek. Geen enkele andere stad, meen ik, heeft zich ooit van haar rivier ontdaan.

Er is natuurlijk nog het kanaal, maar dat lijkt zo afgelegen. Er is uiteraard ook het kanaal, maar dat lijkt nogal ver weg. Brussel is een echte haven, maar de inwoners geraken nauwelijks tot bij de kaden. Ik durf er nochtans wat op verwedden dat de oevers van het kanaal ooit opnieuw tot leven zullen komen en dat Brussel zich daar zal gaan herbronnen. Dat zou voor de stad een vorm van herstel zijn.

Waterways

Water is the real loser in Brussels. By eliminating the Senne, Brussels cut itself off from its origin. It deprived itself of an important landmark, and nearly lost its meaning. The city entered a state of amnesia.

More than anything else, Mayor Anspach wanted to see "the disappearance of this open sewer that dishonours the lower part of our city". But assuming it was indeed necessary to clean up a river that everyone agreed was putrid, did it have to be buried and made into a sewer? The photographs taken by Ghémar at the time of the tunnelling and the tiny part of the Senne which is visible from the îlot Saint-Géry, inspire dreams of what Brussels would be like if it took a leaf out of the town of Gent. No other city, I believe, has ever got rid of its river.

Of course, there is still the canal, but it seems a little remote. Brussels is a harbour in its own right, but the locals can't go and see the docks. Nonetheless, I feel sure that one day the banks of the canal will be reborn and Brussels will be refreshed by this rebirth. That would repair some of the damage done to the city.

| Jonctions | Verbindingen | The Crossroads of Europe |

Saignées, trouées, percées: le cœur de Bruxelles paraît souvent n'être qu'un lieu de transit destiné à être traversé au plus vite. Un ensemble de voies ferrées et d'autoroutes urbaines.

On dit que c'est Léopold II qui voulut une gare à côté du Palais Royal, mais trois souverains s'étaient succédés lorsque la Jonction fut enfin inaugurée, en 1952, après un demi-siècle de travaux. Déjà mis à mal par le Voûtement, le haut et le bas de la ville furent irrémédiablement séparés; les jardins en escalier du Mont des Arts furent sacrifiés sans états d'âme.

Après le train, c'est l'auto qui voulut se faire une place. On creusa des tunnels, on bâtit des parkings, et un viaduc réputé provisoire. Ce furent comme les emblèmes de la ville moderne, ses nouveaux monuments. Il s'en fallut d'un rien que l'on amène une autoroute à deux pas de la Grand Place.

Tandis que les bureaux l'envahissaient, que les navetteurs s'y précipitaient de plus en plus nombreux, le cœur de la capitale, cette commune qui seule porte le nom de Bruxelles, se vidait de ses habitants à un rythme accéléré. Depuis 1900, phénomène sans équivalent en Europe, sa population s'est divisée par cinq ou six.

Encore ce centre ne doit-il qu'aux immigrés de ne pas s'être transformé en désert. C'est un des paradoxes de Bruxelles, et certainement l'une de ses richesses, que de ne pas avoir rejeté dans des marges lointaines les populations les plus déshéritées. Ce sont les riches, surtout, qui sont partis vers la périphérie, en de verdoyantes communes parsemées de villas. Par hasard plus que par volonté, Bruxelles a réussi à éviter cette fracture radicale entre le centre et la banlieue dont souffre notamment Paris: ce n'est pas rien.

Het bloedende, doorwonde en doorboorde hart van Brussel lijkt dikwijls slechts een doorgang te zijn waar je zo vlug mogelijk langs moet. Een pak spoorlijnen en stadsautowegen.

Men zegt dat het Leopold II was die een station naast het Koninklijk Paleis wou. Maar we waren al drie koningen verder toen de Noord-Zuidverbinding eindelijk werd ingehuldigd in 1952, een halve eeuw na het begin van de werken. De boven- en de benedenstad, die het al lastig hadden door de Overwelving, werden nu onherroepelijk van elkaar gescheiden. De tuinen en de trappen van de Kunstberg werden zonder verpinken opgeofferd.

Na de trein, kwam de auto zijn plaats opeisen. Er werden tunnels gegraven, parkings gebouwd en er verrees een zogenaamd voorlopig viaduct. Het leken wel emblemen van de moderne stad, als het ware haar nieuwe monumenten. Bijna trok men een autoweg door tot op twee passen van de Grote Markt.

Het hart van de hoofdstad, de enige gemeente die de naam Brussel draagt, werd overweldigd door steeds meer kantoren en pendelaars. Maar de bewoners trokken er in versneld tempo uit weg. Er zijn nu vijf tot zes keer minder inwoners dan in 1900: een uniek verschijnsel in Europa.

En dan is het nog aan de migranten te danken dat dit centrum niet helemaal is omgevormd tot een woestijn. Een van de paradoxen van Brussel, en zeker een van zijn rijkdommen, is dat de armste bevolkingsgroepen er niet naar de verafgelegen rand werden gedrukt. Het zijn integendeel vooral de rijken die naar de rand uitweken, naar groene gemeenten vol villa's. Meer per toeval dan door het te willen, is Brussel ontsnapt aan de radicale breuk tussen het centrum en de voorsteden, waaronder Parijs zozeer heeft te lijden. En dat is niet niks.

With all its tunnels, flyovers and underpasses, the heart of Brussels often seems to be more of a sort of transit area to be crossed as quickly as possible than a city. It is a jumble of railways and city speedways.

Apparently, it was Léopold II who wanted to build the station beside the Palais Royal, but three kings came and went before the Jonction was finally inaugurated in 1952 after half a century of work. The upper and lower parts of the city, which had already suffered from the work on the river Senne, were separated once and for all, and the stepped gardens of the Mont des Arts were mercilessly sacrificed.

After the train came the ubiquitous automobile. Tunnels were dug, parking lots were built, and a "temporary" viaduct was constructed. These were, so to speak, the emblems of the modern city, its new monuments. Why, a plan to bring a motorway to within a stone's throw from the Grand'Place was almost implemented.

While the city was being submerged in offices with more and more commuters rushing to and fro, the heart of the capital, this municipality that is the only place that bears the name Brussels, was being emptied of its inhabitants at an alarming rate. Since 1900, the population has been reduced by a factor of five or six, which is an unprecedented phenomenon in Europe.

It is thanks to the immigrant population that the centre of the city has not become a ghost town. It is one of the paradoxes of Brussels, and certainly to its credit, that it has not pushed its poorest citizens to the most outlying district. It is mostly wealthy citizens who have moved out to the city limits in search of small towns with villas set in verdant surroundings. More by chance than anything else, Brussels has managed to prevent the sharp hiatus between the centre and the suburbs that has been so detrimental to the city of Paris, and that is something in itself.

De l'Atomium au plan Manhattan

Van het Atomium tot het Manhattan-plan

From the Atomium to the Manhattan Plan

L'Expo 58 fut un moment-clé. On mit des années à s'y préparer, plus longtemps encore à s'en remettre. Ce fut, plutôt tardive, la découverte de l'idéologie moderniste, la célébration exaltée de l'atome, mais aussi du verre, du plastique et du béton. Dans le prolongement du pavillon Philips conçu par Le Corbusier, les structures tendues, les voiles, les défis techniques à la pesanteur semblaient appelés à un bel avenir. Tout comme cet "urbanisme de la dalle" dont les architectes avaient jeté les bases depuis les années vingt.

A Bruxelles, l'onde de choc du "style international" allait exercer ses ravages pendant les deux décennies suivantes. Dans les années 60, rien ne paraissait plus chic que d'habiter un building, fût-il de hauteur modeste. Mais du mouvement moderne, Bruxelles retint surtout la caricature: des formes vides, entièrement soumises aux impératifs du marché. Peu d'architecture novatrice, presque pas de concours, mais un urbanisme de promoteurs.

N'ayant guère confiance dans sa propre culture, la Belgique opta résolument pour le rêve américain: dans les fantasmes bruxellois, New York remplaça Londres et Paris. Emblème de la mégalomanie des années 70, le plan Manhattan fut un gigantesque lapsus: trente ans plus tôt, ce nom était celui du projet de bombe atomique qui conduisit à Hiroshima. Le World Trade Center resta en panne, mais les habitants avaient dû quitter à jamais le Quartier Nord.

Expo 58 was een sleutelmoment. De voorbereiding nam jaren in beslag en om ervan te bekomen was er ook veel tijd nodig. Het werd een, ietwat laattijdige, ontdekking van de modernistische ideologie, een opgetogen eerbetoon aan het atoom, maar ook aan het glas, het plastic en het beton. In het verlengde van het door Le Corbusier ontworpen Philips-paviljoen, leken de voorgespannen constructies, de zeilen en de uitdagingen aan de zwaartekracht een mooie toekomst voor zich te hebben. Net zoals dat "tegelurbanisme", waarvoor de architecten reeds in de jaren twintig de basis hadden gelegd.

In Brussel zou de schokgolf van de "internationale stijl" de twee volgende decennia verwoestingen aanrichten. In de jaren 60 leek er niets chiquer dan in een building te wonen, zelfs al was het geen hoge. Maar Brussel maakte van de moderne beweging vooral een karikatuur: lege vormen, die volledig waren onderworpen aan de eisen van de markt. Weinig vernieuwende architectuur, haast geen wedstrijden, maar een stedenbouwkunde van de promotoren.

Aangezien België niet veel vertrouwen had in zijn eigen cultuur, koos het vastbesloten voor de Amerikaanse droom. In de Brusselse fantasmen nam New York de plaats in van Londen en Parijs. Het uithangbord van de grootheidswaan van de jaren 70, het Manhattan-plan, werd een kolossale lapsus: dertig jaar voordien was het de naam geweest van het nucleair programma dat leidde tot de bom op Hiroshima. Het World Trade Center kwam niet van de grond, maar de bewoners hadden wel voorgoed de Noordwijk moeten verlaten.

The Brussels 1958 Universal Exhibition was a key event. It took years to prepare, and it has taken even longer to recover from it. We witnessed, albeit rather late, the discovery of the modernist ideology and the exhalted celebration not only of the atom, but also of glass, plastic and concrete. Alongside the Philips pavilion designed by Le Corbusier, the elongated structures, the enormous concrete constructions and the forms that seemed to defy gravity appeared to promise a great future, such as the "urbanism of the slab" developed by architects since the 1920s.

In Brussels, the shock waves of the "international style" was to wreak havoc for the next twenty years. In the 1960s, it was the height of chic to live in a building, even if it was not all that high. However, Brussels retained only a caricature of the modern movement: empty, meaningless shapes dictated solely by market trends. There was little architectural innovation and virtually no competitions, but only speculative urban development.

With its characteristic mistrust of its own culture, Belgium fell in love with the American dream. New York was to take the place of London and Paris in Brussels' fantasies. As a symbol of the megalomania of the 1970s, the Manhattan plan was one gigantic blot on the landscape. Thirty years earlier, this was the name of the project for the atomic bomb that led to Hiroshima. The World Trade Centre was still not off the ground, even though the local inhabitants of the North Quarter had had to leave their homes.

25

26

27

28

29

30

31

32

33

34

35

36

37

38

39

40

| La politique des hauteurs | Beleid vanuit de lucht | High is Beautiful |

A mesure qu'on s'élève, le regard change de nature. La ville ancienne ne connaît qu'une échelle : le corps humain. Les toits donnent sur d'autres toits, tout proches: des mansardes, des lucarnes, des cheminées. D'une maison à l'autre, on pourrait se parler. Le regard reste familier, inscrit dans l'espace qu'il découvre: Hitchcock, dans *Fenêtre sur cour*, l'a parfaitement mis en scène.

La ville moderne prend les choses de haut. La tour surplombe: elle domine la cour, le parking, le centre commercial. Depuis son sommet, les humains deviennent de simples taches. Les fenêtres sont autant de points de visée, faisant de chaque habitant un *sniper* virtuel.

L'avion, lui, ne voit plus que les masses: les grandes lignes du paysage, les perspectives les plus larges. Il fallait le regard aérien pour que devienne possible l'urbanisme moderne avec ses grands ensembles, ses vides démesurés, son culte de la symétrie. Le Corbusier l'affirmait haut et fort: "Nous avons maintenant, par l'avion, la preuve que nous avons raison de changer l'architecture et l'urbanisme."

La vogue de la maquette est le corrolaire évident de cet urbanisme de survol dont Brasilia offre l'exemple le plus pur, et dont le Quartier Nord est comme un lointain écho. Embrassant l'espace d'un coup d'œil, chacun peut jouer au démiurge. Sans trop d'efforts, on déplace les immeubles, on élargit les boulevards, on prolonge les perspectives. Jamais le politicien ne sent à ce point son pouvoir. Mais les ensembles que l'on construit ne sont souvent que des maquettes démesurément agrandies: leur pauvreté de détails s'explique en partie par là.

(Une ville nous touche d'abord par son épaisseur et ses contradictions, son mystère et son intimité, bien au delà des tyrannies fonctionnalistes. Peut-être fallut-il les

Naarmate je hoger klimt, verandert je kijk op de dingen. De oude stad kent maar één maat: het menselijk lichaam. De daken geven uit op andere, vlakbij gelegen daken: zolderkamers, dakvensters, schoorstenen. Men kon van het ene huis naar het andere met elkaar spreken. De blik blijft vertrouwd, hij past bij de ruimte waarmee hij kennismaakt: in *Rear Window* heeft Hitchcock dat perfect uitgebeeld.

De moderne stad bekijkt de zaken vanuit de hoogte. Een toren steekt boven de rest uit: hij domineert de koer, de parking, het handelscentrum. Van zo hoog gezien, zijn de mensen maar vlekjes. Elk venster wordt een schietgat en elke bewoner een potentiële *sniper*.

Het vliegtuig ziet enkel nog massa's: de grote lijnen van een landschap, de ruimste perspectieven. Zonder die blik vanuit de lucht, zou het moderne urbanisme met zijn grote gehelen, zijn buitenmaatse steden en zijn cultus van de symmetrie niet mogelijk zijn geweest. Le Corbusier liet er geen twijfel over bestaan: "Het vliegtuig heeft ons nu het bewijs geleverd dat wij gelijk hebben de architectuur en het urbanisme te veranderen".

De mode van de maquettes is de voor de hand liggende tegenhanger van dit urbanisme vanuit de lucht, waarvan Brasilia het zuiverste voorbeeld vormt en de Noordwijk een verre echo is. Iedereen die de ruimte in een oogopslag kan overzien, kan voor opperbouwmeester spelen. Gebouwen verplaatsen, lanen verbreden, perspectieven doortrekken — het vraagt allemaal niet veel moeite. Nooit voelde een politicus zich zo machtig. Maar wat men bouwt, is dikwijls niet meer dan de buitensporig uitvergrote maquettes: dat legt minstens voor een deel uit waarom er zulk een armoede aan details heerst.

(Een stad spreekt ons op de eerste plaats aan door haar densiteit en haar contradicties, door haar mysterie en

Height changes the look of things. The former city was based on one scale: the human body. The roof of one house overlooks other roofs, attics, skylights and chimneys. People could talk to one another from different houses. The view remains intimate and set within the space it discovers. In *Rear Window*, Hitchcock created a realistic representation of this.

Modern cities look down on people. Tower blocks do just that: they tower. They tower over the city's streets, parking lots and commercial centres. From up there, people look like little specks. Windows have become loop-holes turning every inhabitant in a virtual *sniper*.

The plane gives us a perspective from which we see only general patterns, the basic outline of the landscape and the overall perspectives. It was the development of manned flight that made modern city planning possible with its large conglomerations, its wide empty spaces and its veritable adulation for symmetry. It was Le Corbusier who declared for all to hear: "The plane has given us the proof that we are right to change architecture and city planning."

The fashion for models is the obvious corollary of this bird's eye view of city planning of which Brasilia is the purest example and the Quartier Nord of Brussels is a poor imitation. Anyone who looks at a space can play god. It's easy to move buildings, to widen boulevards and

désastres du modernisme pour que nous sentions ce qui nous attache le plus profondément à l'idée de ville, pour que nous devinions à nouveau, à défaut de pouvoir la comprendre, la formidable complexité du phénomène urbain.)

haar intimiteit, en niet door de dwingelandij van het functionalisme. Misschien waren die rampzalige resultaten van het modernisme nodig om ons te doen voelen wat ons het diepst bindt aan het idee van de stad, om van ons opnieuw een deel te maken van de ongelooflijke complexiteit van het verschijnsel stad, ook al kunnen we het niet begrijpen.)

to project perspectives into the horizon. It is this feeling that most gives politicians a sense of their power. However, the ambitious constructions that eventually see the light of day are often merely oversized models, and that is what explains their lack of detail.

(A city appeals to us first and foremost by its depth of texture and its contradictions, its mystery and its intimacy, well beyond the fonctionalist tyranny. Perhaps the disasters of Modernism will remind us of what appeals to us most deeply in the idea of the city so that we can once again perceive, albeit without understanding, the formidable complexity of the city).

Des tours et des barres

Torens en lage flatgebouwen

Vertical and Horizontal Towers

De Tour Montparnasse, die een aberratie is in de regelmaat van Parijs, is belangrijk door zijn uniek karakter: men gaat naar boven om te genieten van een panorama waarin bijna geen torens voorkomen. Omgekeerd zijn New York en Hong Kong, die helemaal verticaal zijn gebouwd, trots op hun wolkenkrabbers: hoe hoger ze zijn, hoe meer ze opvallen.

Aberrante dans la régularité du centre de Paris, la Tour Montparnasse fait événement par son unicité: on y grimpe pour jouir d'un panorama presque dénué de tours. A l'inverse, New York ou Hong Kong, toutes entières tendues vers la verticalité, sont fières de leurs gratte-ciel: plus hauts ils sont, plus ils s'affichent.

A Bruxelles, les tours sont là, ni plus ni moins. Elles ne se visitent pas. Leur dernier étage n'abrite ni café ni restaurant panoramique, comme si elles voulaient se faire oublier. Ni très hautes, ni très basses, ce sont des tours moyennes, presque modestes, des tours de compromis. Cela ne les rend pas moins nuisibles. Dispersées à

Brussel heeft torens, maar daarmee is dan ook alles gezegd. Niemand brengt er een bezoekje aan. Op de hoogste verdieping treft men geen panoramische cafés of restaurants. Het is net alsof ze hun bestaan zouden willen doen vergeten. Ze zijn niet heel hoog, noch heel laag. Het zijn middelmatige, haast bescheiden torens. Torens die een compromis vormen. Dat maakt ze echter niet minder schadelijk. Aangezien ze door een soort grapjas van een Klein Duimpje over de stad zijn uitgestrooid als evenzoveel resten van affairisme en compromissen, bleven er maar weinig zones van gespaard. Een van de lelijkste torens is zelfs gebouwd op de ruïnes van het Volkshuis.

The Tour Montparnasse sticks out like a sore thumb in the centre of Paris. People climb to the top to enjoy a view where there are practically no tower blocks. On the other hand, New York and Hong Kong are completely vertical cities that are proud of their skyscrapers: the higher, the better.

The tower blocks in Brussels are just there. Not to be visited. Their top floor does not contain a panoramic café or restaurant. It's as if they wanted to be ignored. They're neither too high nor too low, they're average towers, almost modest, somewhat of a compromise. But they are no less of an eyesore. They appear to have

travers la ville par un Petit Poucet gaffeur, tristes reliquats de l'affairisme et des compromissions, elles n'ont épargné que peu de secteurs. L'une des plus laides s'est même édifiée sur les ruines de la Maison du Peuple.

Il faut insister: le vrai problème n'est pas la verticalité; le nombre d'étages ne permet pas de mesurer la gravité de l'atteinte. La barre, tour couchée, ne vaut du reste pas mieux que ses homologues verticaux: il n'est que de voir la Cité administrative pour s'en convaincre.

C'est l'échelle, la folle absence d'échelle, qui fait scandale à Bruxelles. Un secteur complet dévolu aux tours, un équivalent de La Défense ou de Canary Wharf, aurait sans doute évité bien des difficultés. Et puisque le Quartier Nord avait été rasé, mieux valait l'achever au plus vite et tenter de résoudre du même coup l'épineuse question de l'implantation européenne. Mais à Bruxelles, c'est une tradition, on laisse en plan, avant d'ouvrir, ailleurs, un nouveau chantier. Le Quartier Léopold fit récemment les frais de cette incurie.

(Non, mon propos n'est pas porté que par la nostalgie. Il fallait que Bruxelles bouge, et grandisse, que les bureaux se bâtissent, et que les voitures circulent. Mais entrer dans le monde moderne ne supposait pas ces reniements. Ni Amsterdam, ni Paris, ni Barcelone, en dépit des erreurs qui y furent commises, n'ont produit d'équivalent de la bruxellisation. Ces villes n'ont jamais oublié de s'aimer.)

Let wel: het probleem schuilt niet in de verticale lijn. Het aantal verdiepingen is te klein om de ernst van de aanslag echt te kunnen meten. De lage flatgebouwen zijn trouwens niet beter dan hun verticale soortgenoten, zoals de Administratieve Wijk ten overvloede bewijst.

Het is de schaal, de krankzinnige afwezigheid van schaal, die schandalig is te Brussel. Een volledige zone vol torens, zoals La Défense of Canary Wharf, had allicht veel problemen kunnen voorkomen. En aangezien de Noordwijk toch was platgegooid, had men beter getracht ze zo vlug mogelijk de genadeslag te geven en tegelijk de netelige kwestie van de Europese vestigingen op te lossen. Maar Brussel heeft zijn eigen traditie: men laat de ene werf in de steek om elders een nieuwe te beginnen. De Leopoldwijk heeft onlangs moeten opdraaien voor deze slordigheid.

(Neen, ik laat mij niet drijven op weemoed. Brussel moest veranderen en groter worden, er moesten kantoren komen en auto's rijden. Maar voor het bouwen van een moderne stad hoeft men niet al het vroegere te verloochenen. Amsterdam, Parijs en Barcelona hebben, ondanks enkele vergissingen, niets voortgebracht dat met de verbrusseling kan worden vergeleken. Die steden hebben nooit hun eigenliefde verloren.)

been scattered around the city by a well-wishing but clumsy genie. It reeks of shady dealings and compromises, and very few districts have been spared in their wake. One of the most ugly specimens was even built on the ruins of the Maison du Peuple.

We must reiterate that the real problem is not verticality, and the extent of the damage cannot be measured by the number of floors. The horizontal tower, which is, as it were, a tower block lying on its side, is no better than its vertical counterpart. If you don't believe me, just take a look at the Cité Administrative.

What is scandalous in Brussels is the scale, or rather the utterly senseless lack of scale. An entire district with nothing but skyscrapers, along the lines of La Défense or Canary Wharf, would no doubt have avoided many problems. And since the Quartier Nord had been razed to the ground, it was no doubt better to finish off the job as quickly as possible and at the same time try to resolve the thorny problem of how to accommodate the European institutions. However, in Brussels it's become traditional to leave projects lying in a drawer for some time before starting a new construction site somewhere else. The Quartier Léopold recently paid the price for this careless attitude.

(No, I am not expressing a nostalgic view of things. Brussels has to go forward and grow. Offices have to be built and cars must be allowed to move around the city. But Brussels should not have to make these sacrifices to enter the modern world. Neither Amsterdam nor Paris nor Barcelona, in spite of the mistakes that were made in these cities, have engendered anything like la bruxellisation. These other cities have never lost their love for themselves).

Prises de vues · Uitkijk · View Points

Si la photographie esthétise, c'est aussi parce que la tour est absente du paysage qu'elle dévoile. Voir depuis son sommet, c'est l'omettre. L'utiliser, c'est l'occulter.
Il ne s'agit pas d'un simple paradoxe: c'est sur ce princi-pe que beaucoup de tours se sont édifiées, squattant de grands morceaux de paysage. D'où verriez-vous mieux l'Abbaye de la Cambre que depuis la Tour ITT? Les jardins d'Egmont que depuis l'hôtel Hilton?
Au sens propre, chaque tour est une prise de vue: pour ses voisins, il ne reste qu'à vivre dans son ombre.

Wanneer de fotografie de zaken fraaier maakt, is dat ook omdat de toren losstaat van het landschap dat hij verbergt. Wanneer men van bovenop een toren kijkt, maakt men er abstractie van. Wie hem gebruikt, verbergt hem.
Dit is niet zomaar een paradox: dit is het principe zelf waarop veel torens zijn gebouwd, namelijk het kraken van grote delen van het landschap. Waar kunt u de Abdij van Ter Kameren beter zien dan vanop de ITT-toren? Waar de Egmonttuinen beter, dan vanop het Hiltonhotel?
Strikt genomen is elke toren een uitkijkpunt: de buren kunnen slechts in de schaduw ervan leven.

If photography is aesthetic, it is because the skyscraper cannot be seen in the cityscape that it reveals. To see from its rooftop, is to omit it. To use it, is to occult it.
This is not just an interesting paradox. Indeed, on this principle many tower blocks have been built and continue to squat large chunks of the city. Where better to see the Abbaye de la Cambre from than the ITT tower, and where do you get a better view of the Egmont Gardens than from the Hilton hotel?
Tower blocks provide an excellent view point, but its neighbours are forced to live in its shadow.

| Le peuple des toits | Bewoonde daken | The Roof Top Population |

Une tour n'est pas qu'un point de vue; Gustave Eiffel, déjà, se plaisait à décliner les multiples usages de la sienne.

Les toits des tours sont peuplés, et pas seulement d'oiseaux. C'est un monde d'antennes et de paraboles, un monde de lueurs et d'ondes communiquant par dessus nos têtes. La ville se fait relais, réseau, bien loin de la surface.

D'autres fois, le toit redevient prairie, tandis que les pierres se descellent, en un Piranèse du pauvre.

Een toren is niet enkel een goed uitkijkpunt. Gustave Eiffel zelf somde al graag de vele gebruiksmogelijkheden van zijn toren op.

Torendaken zijn bewoond, en niet enkel door vogels. Ze vormen een wereld vol staaf- en schotelantennes, een wereld van stralen en golven die boven onze hoofden communiceren. Hoog boven de grond wordt de stad een tussenstation, een netwerk.

Vroeger werden daken opnieuw weiden, terwijl de stenen loskwamen, als een Piranèse van de arme.

A tower (or tower block) is not just a place where we can get a good view. Gustave Eiffel already took pleasure in listing the many uses for his landmark.

The roofs of towers are inhabited, and not just by birds. It's a world full of aerials and satellite dishes with radio and other waves whizzing over our heads. Far above ground level, the city is part of a communications network.

At other times, the roof becomes once again like a sort of field with stones coming away from the structure and like a poor man's Piranesi.

41

42

43

44

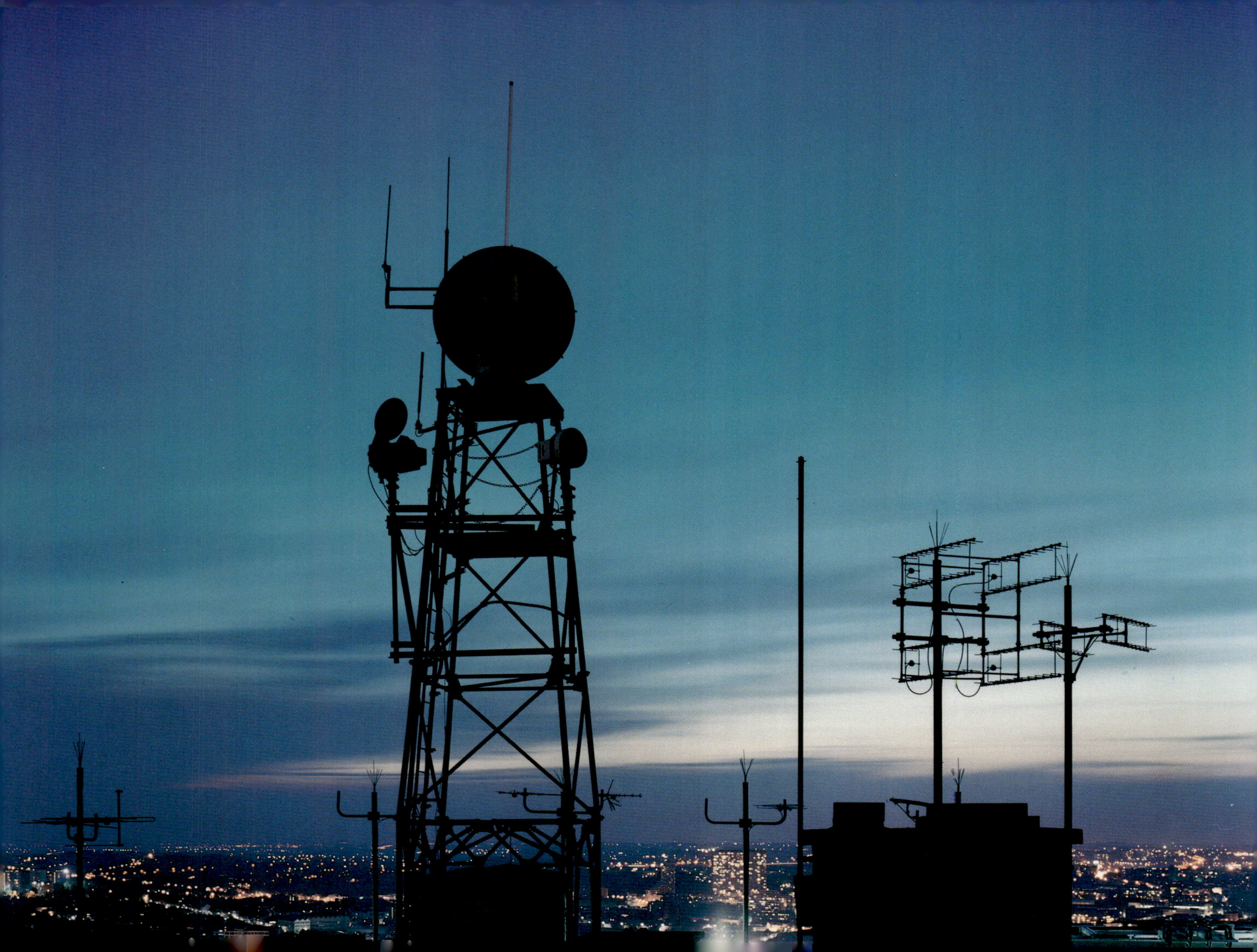

46

47

48

49

50

51

52

53

Aimer Bruxelles

Les raisons de critiquer Bruxelles sont nombreuses, connues, presque faciles.

Les raisons d'aimer Bruxelles sont rares, discrètes, un peu troubles. S'agit-il d'ailleurs de raisons? Chacun d'entre nous a les siennes, qui sont comme des morceaux de son histoire.

Je ne suis pas né à Bruxelles. Mes parents m'y ont amené alors que s'ouvrait l'Expo 58. J'y ai passé mon enfance. J'ai quitté Bruxelles et j'y suis revenu. Je l'ai aimée, je l'ai haïe, j'y suis toujours. Sans doute parce que la ville faisait partie de moi, ou que je faisais partie d'elle.

J'aime Bruxelles pour son chaos, ses paradoxes, et même ses morceaux de laideur. J'aime Bruxelles comme un miroir terni, comme un de ces visages rendus plus attachants par les épreuves. J'aime cette ville parce qu'elle n'est jamais arrogante — comme le sont parfois Venise, Barcelone ou Paris. J'aime cette ville parce qu'elle n'est jamais évidente: à celui qui ne fait que passer, elle ne donne que peu de choses.

J'aime Bruxelles pour son espace, ses hauts plafonds et ses trois pièces en enfilade. J'aime Bruxelles pour ses maisons sublimes au détour d'une rue grise. Pour ses cités-jardins, leurs volets verts et leurs cerisiers du Japon. Pour les étangs d'Ixelles et la rue Gray. Pour le parc Tenbosch et le plan K. J'aime Bruxelles pour ses populations et ses langues mêlées. J'aime Bruxelles comme un défi, parce qu'il nous faut chaque jour l'inventer.

Houden van Brussel

Redenen om kritiek te hebben op Brussel zijn er genoeg. Iedereen kent ze en ze zijn soms wat makkelijk.

Redenen om van Brussel te houden zijn echter zeldzaam, bescheiden en een beetje onduidelijk. Maar wat betekenen redenen eigenlijk? Iedereen heeft zijn eigen redenen, en die maken dikwijls deel uit van zijn eigen geschiedenis.

Ik ben niet in Brussel geboren. Ik ging er met mijn ouders wonen bij de opening van Expo 58. Ik heb er mijn kinderjaren doorgebracht. Ik heb Brussel verlaten en ben er teruggekeerd. Ik heb ervan gehouden en heb het gehaat. En ik woon er nog steeds. Ongetwijfeld omdat die stad een deel van mijzelf is, of ik een deel van haar.

Ik hou van Brussel omwille van zijn chaos, zijn paradoxen, en zelfs omwille van zijn lelijkheid. Ik hou van Brussel zoals van een dof geworden spiegel, zoals van die gezichten die door beproeving aantrekkelijker worden. Ik hou van deze stad, omdat zij nooit arrogant is — zoals Venetië, Barcelona of Parijs soms kunnen zijn. Ik hou van deze stad omdat zij nooit voor de hand ligt: aan wie er gewoon maar even langskomt, geeft zij niet veel.

Ik hou van Brussel omwille van zijn ruimte, zijn hoge plafonds en zijn drie kamers achter elkaar. Ik hou van Brussel omwille van zijn sublieme huizen om de hoek van een grijze straat. Omwille van zijn tuinwijken, hun groene luiken en hun Japanse kerselaars. Omwille van de mooie vijvers van Elsene en de Graystraat. Omwille van het Tenboschpark en het K-plan. Ik hou van Brussel omwille van zijn mengeling van volkeren en talen. Ik hou van Brussel als een uitdaging, omdat we het elke dag moeten herontdekken en uitvinden.

Love for Brussels

It's easy to criticise Brussels. We are all too aware of its many faults and failings.

The reasons to love Brussels are rare, discrete and somewhat murky. Moreover, are these really reasons? Everyone has his reasons which are intimately linked to one's own background.

I was not born in Brussels. My parents took me there for the opening of Expo 58. I grew up there. I left Brussels and came back. I have loved it, I have hated it, but I'm still there. No doubt because the city was part of me or because I was part of it.

I love Brussels for its chaos, its paradoxes and even its ugly bits. I love Brussels like a faded mirror or a face that has become more attaching through trials and tribulations. I love this city because it is never arrogant — as Venice, Barcelona and Paris are sometimes. I love this city because it is never easy to appreciate. To people who only pass through the city, it is never very generous.

I love Brussels for its space, it's high ceilings and the three interconnected rooms of its houses. I love Brussels for its sublime houses that take you by surprise as you turn a corner and enter a grey, nondescript city street. I love it for its garden cities, their green shutters and their Japanese cherry trees. For the lakes of Ixelles and the rue Gray, for the Parc Tenbosch and the plan K. I love Brussels for its mixture of nationalities and languages. I love Brussels as a challenge because we must reinvent it every day.

54

55

Table des matières
Les Photos ont été prises de...

1
Blue tower / Ixelles - Avenue Louise
Blue tower / Elsene - Louizalaan

2
Tour du Midi / Saint-Gilles
Zuidtoren / Sint-Gillis

3
Tour Madou / Saint-Josse-ten-Node
Madoutoren / Sint-Joost-ten-Node

4
Tour des Finances / Bruxelles
Financietoren / Brussel

5
Tour Sablon / Bruxelles - Rue Joseph Stevens
Zaveltoren / Brussel - Joseph Stevenstraat

6 7
Tour du Midi / Saint-Gilles
Zuidtoren / Sint-Gillis

8 9
Altitude 100 / Forest
Hoogte 100 / Vorst

10
Royal Building / Forest - Place Albert
Royal Building / Vorst - Albertplein

11
Le Logis / Watermael-Boisfort
Le Logis / Watermaal-Bosvoorde

12 13
Hôpital Français / Avenue Josse Goffin
Frans Hospitaal / Josse Goffinlaan

14
Futur Parlement Flamand / Bruxelles
Toekomstig Vlaams Parlement / Brussel

15
Tour Madou / Saint-Josse-ten-Node
Madoutoren / Sint-Joost-ten-Node

16 17
Residence Palace / Bruxelles
Residentie Palace / Brussel

18
Tour du Midi / Saint-Gilles
Zuidtoren / Sint-Gillis

19 20
Tour Amelinckx / Saint-Josse-ten-Node
Amelinckxtoren / Sint-Joost-ten-Node

21
Tour des Finances / Bruxelles
Financietoren / Brussel

22
Grand Place / Bruxelles
Grote Markt / Brussel

Inhoudstafel
Uitzicht vanop...

23
Tour Sablon / Bruxelles - Rue Joseph Stevens
Zaveltoren / Brussel - Joseph Stevenstraat

24
Palais de Justice / Bruxelles
Justitiepaleis / Brussel

25
Tour Amelinckx / Saint-Josse-ten-Node
Amelinckxtoren / Sint-Joost-ten-Node

26 27
Tour des Finances / Bruxelles
Financietoren / Brussel

28
Brusilia / Schaerbeek - Avenue Louis Bertrand
Brusilia / Schaarbeek - Louis Bertrandlaan

29
CERIA / Anderlecht - Avenue Emile Gryson
COOVI / Anderlecht - Emile Grysonlaan

30 31
Tour du Midi / Saint-Gilles
Zuidtoren / Sint-Gillis

32
Blue tower / Ixelles - Avenue Louise
Blue tower / Elsene - Louizalaan

33
Botanique Building / Saint-Josse-ten-Node
Botanique Building / Sint-Joost-ten-Node

34
La Magnanerie / Forest - Avenue de Minerve
La Magnanerie / Vorst - Minervalaan

35
Tour ITT / Ixelles - Avenue Emile De Mot
ITT-toren / Elsene - Emile De Motlaan

36
Tour Amelinckx / Amelinckxtoren
Saint-Josse-ten-Node / Sint-Joost-ten-Node

37
Tour des Finances / Bruxelles
Financietoren / Brussel

38
Basilique / Koekelberg
Basiliek / Koekelberg

39
Tour Amelinckx / Saint-Josse-ten-Node
Amelinckxtoren / Sint-Joost-ten-Node

40
Royal Building / Forest - Place Albert
Royal Building / Vorst - Albertplein

41
Futur Parlement Flamand / Bruxelles
Toekomstig Vlaams Parlement / Brussel

Table of contents
Photos taken from...

42
RTBF / Schaerbeek - Boulevard Reyers
VRT / Schaarbeek - Reyerslaan

43
Palais de Justice / Bruxelles
Justitiepaleis / Brussel

44
Tour Madou / Saint-Josse-ten-Node
Madoutoren / Sint-Joost-ten-Node

45
Tour du Midi / Saint-Gilles
Zuidtoren / Sint-Gillis

46
Tour des Finances / Bruxelles
Financietoren / Brussel

47
Hotel Hilton / Bruxelles
Hilton Hotel / Brussel

48
Blue tower / Ixelles - Avenue Louise
Blue tower / Elsene - Louizalaan

49
Ring / Vilvorde
Ring / Vilvoorde

50
Les Cèdres / Watermael-Boisfort - Avenue van Becelaere
De Ceders / Watermaal-Bosvoorde - van Becelaerelaan

51
RTBF / Schaerbeek - Boulevard Reyers
VRT / Schaarbeek - Reyerslaan

52
Les Cèdres / Watermael-Boisfort - Avenue van Becelaere
De Ceders / Watermaal-Bosvoorde - van Becelaerelaan

53
La Magnanerie / Forest - Avenue de Minerve
La Magnanerie / Vorst - Minervalaar

54
Blue tower / Ixelles - Avenue Louise
Blue tower / Elsene - Louizalaan

55
Botanique Building / Saint-Josse-ten-Node
Botanique Building / Sint-Joost-ten-Node

56 57
Tour des Finances / Bruxelles
Financietoren / Brussel

56

57

Curriculum vitæ

Marie-Françoise Plissart
Photographe

Depuis 1980, les oeuvres de cette vraie Bruxelloise ornent les cimaises des plus grandes villes du monde: Paris, Amsterdam, Berlin, Toulouse, La Haye, Lausanne... et bien sûr Bruxelles, mais aussi Osaka (Japon) et le Michigan (USA). Avant la création de "Bruxelles Horizon Vertical" Marie-Françoise Plissart avait déjà collaboré avec le duo Peeters / Schuiten pour les albums "Souvenirs de l'Eternel Présent" et "L'Echo des Cités". Le grand écran fit également appel à ses talents comme photographe de plateau sur plusieurs longs métrages et chargée des repérages photographiques du film "Le Huitième Jour" de Jaco Van Dormael. Passionnée par le récit photographique, elle a publié entre autre "Droit de Regards" aux Editions de Minuit, "Prague" aux Editions Autrement.

Marie-Françoise Plissart
Fotograaf

Sedert 1980 worden de werken van deze rasechte Brusselse tentoongesteld in belangrijke steden over heel de wereld, zoals Parijs, Amsterdam, Berlijn, Toulouse, Den Haag, Lausanne en... Brussel, natuurlijk. Maar ook in Osaka (Japan) en Michigan (USA). Vóór de creatie van "Brussel Verticale Horizonten", had Marie-Françoise Plissart reeds samengewerkt met het duo Peeters/ Schuiten voor de albums "Herinneringen van Eeuwige Heden" en "De Echo van de Steden". Ook het grote scherm deed al een beroep op haar talenten als setfotografe voor diverse langspeelfilms en voor het maken van de fotografische plaatsbepalingen van de film "Le Huitième Jour" van Jaco Van Dormael. Geboeid als zij is door fotografische vertellingen, publiceerde zij onder meer "Droit de Regards" bij de Editions de Minuit en "Prague" bij de Editions Autrement.

Marie-Françoise Plissart
Photographer

Since 1980, the works of this true daughter of Brussels have graced the picture rails of the world's great cities, Paris, Amsterdam, Berlin, Toulouse, The Hague, Lausanne, and of course Brussels, but not forgetting Osaka (Japan) and Michigan (USA). Before the creation of "Brussels Vertical Horizon", Marie-Françoise Plissart had already worked with Peeters and Schuiten on the albums "Souvenirs de l'Eternel Présent" and "L'Echo des Cités". Her talents as a photographer were also used for the filming of several full feature films, and she was given responsibility for the photography in the film "Le Huitième Jour" by Jaco Van Dormael. She is a great lover of photography as a storytelling device, and her works include "Droit de Regards" published by the Editions de Minuit and "Prague" published by the Editions Autrement.

Benoît Peeters
Auteur

Né à Paris, Benoît Peeters découvre Bruxelles à l'âge de deux ans, au moment de l'Exposition Universelle. Son enfance et son adolescence sont imprégnées par la capitale belge et, après quelques années à Paris, il revient à ses premières amours et s'installe définitivement à Bruxelles en 1978. Benoît Peeters possède une attachante palette de talents. Il est notamment le co-auteur de la série d'albums "Les Cités Obscures" et du documentaire fiction "Le Dossier B" avec le dessinateur François Schuiten. Amoureux, critique et passionné de la ville de Bruxelles, il écrit les textes de l'album "Brüsel", réalisé également avec son complice Schuiten. Aujourd'hui, Benoît Peeters prépare son premier long métrage: "Le dernier plan" et nous réserve encore bien d'étonnantes surprises.

Benoît Peeters
Auteur

Benoît Peeters werd geboren in Parijs en maakte op tweejarige leeftijd kennis met Brussel, tijdens de Wereldtentoonstelling. Zijn kinderjaren en zijn adolescentie zijn doordrongen van de Belgische hoofdstad. Na enkele jaren te Parijs, keert hij naar zijn eerste liefde terug en vestigt zich in 1978 definitief te Brussel. Benoît Peeters kan bogen op een aantrekkelijke waaier talenten. Hij is meer bepaald medeauteur van de albumreeks "De Duistere Steden" en van de fictiedocumentaire "Le Dossier B", in samenwerking met tekenaar François Schuiten. Zijn verliefdheid op en enthousiasme over de stad Brussel staan een kritische kijk niet in de weg. Hij schrijft de teksten voor het album "Brüsel", dat hij ook samen met zijn kompaan Schuiten maakt. Momenteel treft Benoît Peeters de voorbereidingen voor zijn eerste langspeelfilm, "Le dernier plan". Hij heeft zeker nog heel wat verrassingen voor ons in petto.

Benoît Peeters
Auteur

Benoît Peeters was born in Paris but discovered Brussels at the age of two when he visited the Universal Exhibition. His childhood and adolescent years were permeated with Brussels, and after spending a few years in Paris, he returned to his first love and settled down in Brussels in 1978. Benoît Peeters has a tremendous range of endearing talents. He is the co-author of a series of albums "Obscure Cities" and of the fiction documentary "Le Dossier B" with the graphic artist François Schuiten. He is a lover of the city of Brussels about which he is critical but passionate, and he wrote the text for the album "Brüsel", which was also produced with the help of his friend and accomplice Schuiten. Benoît Peeters is currently working on his first feature film "Le dernier plan" and no doubt has many other surprises up his sleeve.

Photographié entre mars et septembre 1998
avec une chambre folding 4"x5" Linhof et les objectifs 90 mm, 120 mm, 150 mm et 210 mm, et avec un Hasselblad et les objectifs 150 mm, 500 mm et le Biogon 38 mm.

L'auteur et l'éditeur remercient très chaleureusement
toutes les personnes et institutions qui ont donné accès à leur toit.

L'auteur remercie tout particulièrement
Véronique Danneels, Gilbert Fastenaekens, Virginie Jortay, Esther Kervyn, Archibald Peeters, Stefen Sack, François Schuiten, Weitchune Tsai, Martin Vaughn-James et Kazuko Yamazaki.

Prisme Editions Bruxelles remercie
les auteurs, l'équipe technique, Joël Claisse pour leur étroite collaboration, ainsi que toutes les personnes qui de loin ou de près l'ont soutenue dans la réalisation de cet ouvrage.

Laboratoire Philippe Rottier
Traductions Translate International Worldwide SA
Graphisme BaseBRU (Traces de doigts)
Photogravure Quadra SA
Imprimeur Dereume Printing Company SA

© Prisme Editions – Liliane Knopes
Avenue Wielemans Ceuppens 45 b2, 1190 Bruxelles, Belgique
Tous les droits de reproduction, de traduction et d'adaptation (même partielle) sont réservés pour tous pays.

Gefotografeerd tussen maart en september 1998
met een klapcamera 4"x5" Linhof en lenzen van 90 mm, 120 mm, 150mm en 210 mm, en met een Hasselblad en lenzen van 150 mm, 500 mm en de Biogon van 38 mm.

De auteur en de uitgever wensen
alle personen en instellingen die hen toegang hebben verleend, zeer hartelijk te danken.

De auteur bedankt in het bijzonder
Véronique Danneels, Gilbert Fastenaekens, Virginie Jortay, Esther Kervyn, Archibald Peeters, Stefen Sack, François Schuiten, Weitchune Tsai, Martin Vaughn-James en Kazuko Yamazaki.

Prisme Editions Brussel bedankt
de auteurs, het technisch team, Joël Claisse voor hun nauwe samenwerking, en alle personen die van ver of van dichtbij hun steun hebben verleend bij de realisatie van dit werk.

Laboratorium Philippe Rottier
Vertalingen Translate International Worldwide SA
Grafisch ontwerp BaseBRU (Traces de doigts)
Fotogravure Quadra SA
Drukker Dereume Printing Company SA

© Prisme Editions – Liliane Knopes
Wielemans Ceuppenslaan 45 b2, 1190 Brussel, België
Kopijrechten, vertaalrechten en rechten voor (zelfs gedeeltelijke) bewerking voorbehouden voor alle landen.

Photographed between March and September 1998
with a 4"x5" Linhof folding camera and 90 mm, 120 mm, 150 mm and 210 mm objectives, and with a Hasselblad and 150 mm, 500 mm objectives and Biogon 38 mm.

The author and the editor would like to thank sincerely
all the persons and institutions who allowed them to visit their roof.

The author would like to thank in particular
Véronique Danneels, Gilbert Fastenaekens, Virginie Jortay, Esther Kervyn, Archibald Peeters, Stefen Sack, François Schuiten, Weitchune Tsai, Martin Vaughn-James and Kazuko Yamazaki.

Prisme Editions Brussels would like to express it's gratitude
to the authors, the technical team and Joël Claisse for their close cooperation, as well as all those who in any way helped make this work possible.

Laboratorium Philippe Rottier
Translations Translate International Worldwide SA
Graphic design BaseBRU (Traces de doigts)
Photoengraving Quadra SA
Printer Dereume Printing Company SA

© Prisme Editions – Liliane Knopes
Avenue Wielemans Ceuppens 45 b2, 1190 Brussels, Belgium
All rights of reproduction, translation and adaptation (even partial) are reserved for all countries.

Printed in Belgium
D/1998/7555/1
ISBN 2/9600103-3-7